NATIONAL GEOGRAPHIC

El Sol

EDICIÓN PATHFINDER

Por Fran Downey

CONTENIDO

El C

Por Fran Downey

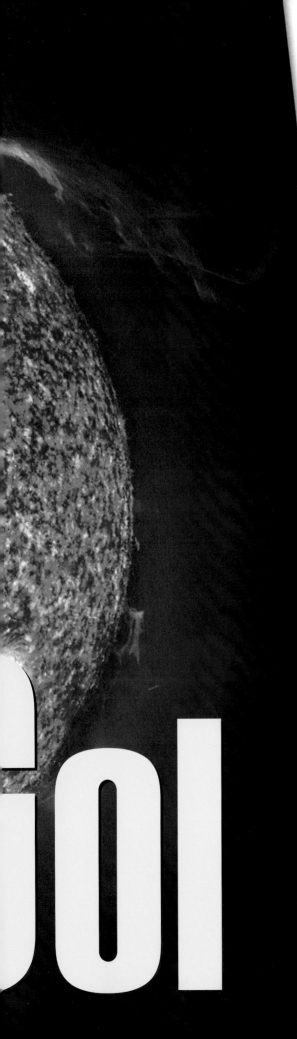

Sol

Nuestro Sol parece una gran bola amarilla en el cielo. Siempre se ve calmo y apacible. Nunca parece cambiar. Pero las apariencias pueden ser engañosas. "No es un disco blanco aburrido", dice Bernhard Fleck. Él estudia el Sol.

En realidad, es posible que el Sol sea el objeto más activo de nuestro sistema solar. Su superficie es un caldero burbujeante de gases súper calientes. El Sol dispara chorros de estos gases hacia el espacio. Algunos incluso chocan contra la Tierra.

Claramente, hay mucho que aprender sobre nuestra tempestuosa **estrella**. Comencemos exactamente con lo que es.

Una verdadera estrella

En una palabra, nuestro Sol es una **estrella**. Esto significa que es una gigante bola de gases incandescentes. El Sol es más grande que todos los planetas y las lunas de nuestro sistema solar juntos. Dentro de él podrían caber un millón de planetas del tamaño de la Tierra.

Sin embargo, el tamaño no lo es todo. Lo más candente de las estrellas es el hecho de que crean luz y calor. Los planetas y las lunas no pueden hacer eso. La luz del Sol calienta todos los planetas de nuestro sistema solar. Sin él, la vida en la Tierra sería imposible.

Estudios sobre estrellas

El Sol se ve diferente a cualquier otra estrella que observamos. Eso es porque está a apenas 93 millones de millas de distancia. Eso es como estar "a la vuelta de la esquina" en el espacio. La siguiente estrella más próxima está a unos seis billones de millas de la Tierra. Todas las otras estrellas están mucho más lejos aún.

Aparte de eso, nuestro Sol es una estrella promedio. Los **astrónomos**, o científicos del espacio, han encontrado millones como él. Estudiar nuestro Sol, pues, es una manera de aprender más sobre un sinnúmero de otras estrellas. Para los científicos, nuestro Sol es un laboratorio gigante.

Expreso solar *Las explosiones en la atmósfera del Sol disparan gases hacia el espacio. Estas pueden elevarse unas 200.000 millas sobre la superficie.*

Asunto caliente

El Sol está compuesto principalmente de hidrógeno. También contiene algo de helio. Ambos son gases.

En el centro del Sol, la temperatura se eleva a 27 millones de grados Fahrenheit (F). A esa temperatura, el hidrógeno se convierte en helio. Eso libera calor y luz.

Los rayos de sol que se generan en el núcleo, o centro, tienen un largo camino que recorrer. El material del núcleo está fuertemente comprimido. La luz rebota sobre este material. Después de rebotar y rebotar por cientos o miles de años, finalmente alcanza la superficie, o **fotósfera**.

Una vez que la luz franquea la superficie, a partir de ahora las cosas les son más fáciles. La luz se aleja del Sol a unas 186.000 millas por segundo. Le toma ocho minutos llegar a la Tierra.

Código de colores

Fotografía del cielo nocturno. La mayoría de las estrellas se ven como puntos blancos. Sin embargo, las estrellas vienen en diferentes colores. Conocer el color de una estrella te sirve para saber cuán vieja es y cuán caliente está.

Las estrellas azules son bebés. Por lo general no tienen más de mil millones de años. Las estrellas azules son, también, las más calientes. La superficie de una estrella azul puede alcanzar una temperatura candente de 20.000°F.

Las estrellas amarillas son adultas. Han existido por varios miles de millones de años. Con el tiempo, las estrellas se enfrían. Así que la superficie de una estrella amarilla tiene una temperatura de unos 10.000°F.

Las estrellas rojas son ancianas. Han tenido miles de millones de cumpleaños. Eso significa que la superficie de una estrella roja es, se podría decir, fría. En verdad, las temperaturas allí apenas alcanzan los 5000°F.

¿Dónde encaja nuestro Sol en la familia de las estrellas? Bueno, es amarillo. Así que está en el medio. No es ni tan caliente ni tan frío. En realidad, es perfecto para la vida en la Tierra.

En el arco. *Puedes apilar diez planetas Tierra debajo de estos arcos de gases súper calientes.*

Manchas en el Sol.

Sin embargo, nuestro Sol no es completamente amarillo. Las fotografías de su superficie muestran manchas oscuras. Estas se conocen como **manchas solares.** Estas áreas son varios miles de grados más frías que el resto de la superficie. Es por eso que se ven oscuras.

En el Sol, incluso las manchas son gigantes. Las manchas solares más pequeñas tienen una distancia transversal de más de mil millas. Las más grandes son mayores que la Tierra.

Las manchas solares van y vienen. Siguen un ciclo de 22 años. Al comienzo, puede que haya solo algunas pocas manchas solares. En los próximos 11 años aparecen más manchas solares. Al pico del ciclo puede haber hasta 100 manchas solares. A partir de entonces la cantidad de manchas comienza a disminuir. Once años más tarde, todo comienza de nuevo. No sabemos el por qué.

¿Manchas problemáticas? *Gigantes manchas cubren la superficie del Sol el 28 de octubre de 2003. Apenas unos días más tarde, estalló una poderosa erupción solar. Fue la mayor erupción registrada hasta ahora.*

¿Tiempo soleado?

La atmósfera del Sol es aún más caliente que su superficie. En realidad, la capa externa está a más de dos millones de grados Fahrenheit.

Esa capa, conocida como la **corona**, es un lugar muy activo. Los gases que hay allí causan grandes explosiones. Tan solo una de esas explosiones es más poderosa que miles de millones de bombas atómicas.

Las explosiones en la corona a veces crean gigantes arcos de gases calientes. El gas viaja muchas miles de millas desde el Sol. Luego colapsa nuevamente sobre la superficie.

En otros momentos, gigantes **erupciones** estallan desde el Sol. Las erupciones parecen agua que sale a presión por una manguera. Lo único que en vez de agua, las erupciones están hechas de luz y calor.

Las erupciones pueden recorrer grandes distancias. Algunas, incluso, alcanzan la superficie de la Tierra. No llegan hasta la superficie del planeta. Pero pueden causar daños a los satélites o interrumpir los sistemas telefónicos y eléctricos.

Afortunadamente, los científicos están aprendiendo más y más sobre las erupciones solares. Es posible que hasta descubran cómo predecirlas. Eso nos serviría para proteger nuestra tecnología.

Por supuesto, predecir las erupciones es apenas uno de los beneficios del estudio del Sol. Más importante aún es lo que nuestra estrella nos enseña acerca de billones de otras estrellas.

 ¿De qué maneras afecta nuestro Sol a la Tierra?

VOCABULARIO

astrónomo: científico que estudia el espacio.

corona: capa externa de la atmósfera del Sol

erupción: chorro de luz y calor

estrella: bola de gas que está en el espacio que produce calor y luz

fotósfera: superficie del Sol

mancha solar: área oscura y más fría de la superficie del Sol

1 erupción

campo magnético 2

3 núcleo

Dentro Del Sol

4 Manchas solares

5 Fotósfera

6 Cromósfera

7 Corona

1 Erupción: explosión gigante que causa una poderosa corriente de energía

2 Campo magnético: corrientes eléctricas invisibles que actúan como imanes gigantes (los grandes lazos que se observan en la superficie son parte del campo magnético).

3 Núcleo: gran horno en el centro del Sol que produce el calor y la luz

4 Manchas solares: áreas oscuras que son más frías que el resto de la superficie del Sol

5 Fotósfera: superficie visible que se observa desde la Tierra

6 Cromósfera: capa interna de la atmósfera del Sol

7 Corona: capa externa de la atmósfera del Sol

La Tierra y El Sol

Es posible que el Sol sea el tema más candente de nuestro sistema solar. Pero si eres como la mayoría de las personas, probablemente no pienses mucho en el asunto. Simplemente sale y se pone... fin del cuento. Pero es más complejo que eso. ¡La energía del Sol hace que sea posible la vida en la Tierra!

Calentando la Tierra

Sin el Sol, la Tierra sería un lugar muy distinto. No habría plantas, ni animales, ni personas. Nuestro planeta sería un trozo congelado de roca dando vueltas por el espacio.

Pero por suerte tenemos el Sol. El Sol calienta la Tierra. Puedes sentir el calor del Sol en un cálido día de verano. Incluso durante el invierno, el Sol irradia calor para entibiar nuestro planeta.

¿Por qué el lugar donde vives se pone más cálido o más frío a medida que cambian las estaciones? Tiene que ver con el movimiento de la Tierra. Cada año, la Tierra completa una órbita, o vuelta, alrededor del Sol. A medida que nuestro planeta viaja, las estaciones cambian. Las áreas que se inclinan hacia el Sol son más calurosas. Tienen primavera y verano. Las áreas que se inclinan en dirección opuesta al Sol son más frías. Tienen otoño e invierno.

Alimento del Sol

El Sol no solo calienta nuestro planeta. También nos da su luz. Para sobrevivir, las plantas y los animales necesitan la energía de la luz solar.

Las plantas son únicas. Usan la luz solar para fabricar su alimento. El alimento les proporciona la energía para vivir. Los animales no pueden hacer su propio alimento usando la luz solar. Pero en cierta forma la luz solar también los alimenta. ¿Cómo?

Muchos animales comen pasto o cereales. Estos animales obtienen la energía de las plantas, las cuales obtuvieron la energía del Sol. Lo mismo ocurre cuando los animales se comen a otros animales. Algunos de los animales que son comidos, comieron a su vez plantas (y esas plantas dependieron del Sol para obtener su energía).

Así que ya sea que comas ensaladas o carne, estás obteniendo energía que comenzó en forma de luz a partir del Sol.

Comida energética *Algunas plantas, como esta planta de maíz, utilizan la energía del Sol para crecer. A su vez, las plantas les proporcionan a los animales la energía para vivir.*

Los colores del arco iris

La luz solar también le da color a nuestro mundo. Eso se debe a que la luz solar en realidad está compuesta de colores. ¿No lo crees? Simplemente observa un arco iris.

El arco iris se forma cuando la luz solar choca contra la lluvia en el aire. Cuando la luz solar atraviesa las gotas de lluvia se forma una banda de colores en el cielo. Ves los colores rojo, anaranjado, amarillo, verde, azul, índigo y violeta. Todos estos son los colores de la luz.

Los colores de los objetos, como las rocas y las flores, también provienen de la luz. Cuando la luz solar golpea un objeto, algunos colores son absorbidos por el objeto. Otros colores son reflejados, o rebotan.

Nuestros ojos ven los colores que rebotan. Supón que observas una flor roja. La flor absorbe todos los colores que hay en la luz, excepto el color rojo. El rojo rebota de la flor y regresa a nuestros ojos. Por eso ves la flor de color rojo.

La energía del Sol

El Sol nos proporciona colores, alimento y calor. Pero la lista no se detiene allí. También el Sol nos sirve como fuente de energía.

Las celdas solares son máquinas que transforman la luz solar en electricidad. Las celdas solares pueden alimentar calculadoras y juguetes. También se pueden combinar en grupos para alimentar carros, hogares e incluso satélites en el espacio.

Las celdas solares son útiles. Sin embargo, la mayoría de nuestra energía viene del carbón, el petróleo y el gas. Esos combustibles fósiles se formaron a partir de los restos enterrados de plantas y animales ancestrales. Las plantas y los animales obtuvieron su energía del Sol. ¡Así que incluso la energía de los combustibles fósiles comenzó como luz solar!

El Sol afecta nuestras vidas en muchísimas de formas. Es una poderosa fuente de energía. Posibilita la vida en nuestro planeta.

Le da el color al cielo.
Un arco iris muestra los muchos colores que componen la luz solar.

El Sol

Responde estas preguntas para descubrir lo que aprendiste sobre este tema candente.

1 ¿Por qué el Sol se ve diferente de las otras estrellas?

2 ¿De qué está compuesto el Sol?

3 ¿Cuál es la diferencia entre una estrella azul, amarilla y roja? ¿Qué tipo de estrella es nuestro Sol?

4 ¿Qué son las erupciones solares? ¿Cómo pueden las erupciones afectar a las personas en la Tierra?

5 ¿En qué sentido es importante el Sol para la vida en la Tierra?

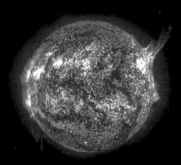